● 水稻机械化生产技术丛书

杂交稻精准播种育秧机插
技术图解

王亚梁 等 著

中国农业科学技术出版社

图书在版编目（CIP）数据

杂交稻精准播种育秧机插技术图解 / 王亚梁等著. --北京：中国农业科学技术出版社，2023.7
ISBN 978-7-5116-6361-0

Ⅰ.①杂… Ⅱ.①王… Ⅲ.①水稻插秧机－水稻栽培－图解 Ⅳ.①S511-64

中国国家版本馆CIP数据核字（2023）第128642号

责任编辑	穆玉红
责任校对	马广洋
责任印制	姜义伟　王思文
出 版 者	中国农业科学技术出版社
	北京市中关村南大街12号　邮编：100081
电　　话	（010）82106626（编辑室）　（010）82109702（发行部）
	（010）82109709（读者服务部）
网　　址	https://castp.caas.cn
经 销 者	各地新华书店
印 刷 者	北京地大彩印有限公司
开　　本	148 mm×210 mm　1/32
印　　张	1.5
字　　数	50千字
版　　次	2023年7月第1版　2023年7月第1次印刷
定　　价	19.90元

◀▬▬ 版权所有·侵权必究 ▬▬▶

《杂交稻精准播种育秧机插技术图解》
著者名单

主　著：王亚梁　朱德峰

副主著：陈惠哲　向　镜

著　者（按姓氏笔画排序）：

　　　　王亚梁　王志刚　方文英　朱德峰

　　　　向　镜　吴光付　陈佳峰　陈惠哲

　　　　张义凯　张玉屏　怀　燕　彭　波

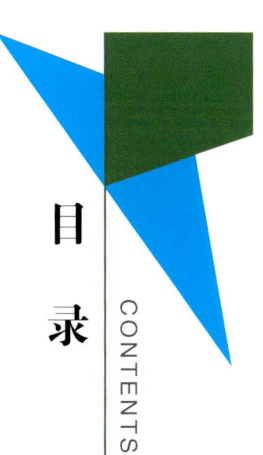

目 录
CONTENTS

第一章 杂交稻育秧机插方式的发展与现状……………1
一、杂交稻的栽培特性……………1
二、水稻轻简化种植方式的发展…………1
三、杂交稻机插种植方式发展与存在的问题…………2

第二章 杂交稻精准播种育秧机插技术的定义与特点…………4
一、杂交稻精准播种育秧机插技术的定义…………4
二、精准播种育秧机插的特点…………5
三、水稻精准播种育秧机插的关键技术环节…………6

第三章 杂交稻精准播种机插技术的优势…………10
一、精准播种能够提高秧苗素质………10

·1·

二、精准播种促进了低播量下秧苗成毯……………………12
三、精准播种显著降低了机插漏秧率……………………14
四、精准播种提高了水稻群体氮吸收量…………………16
五、精准播种显著提高产量…………………………………20
六、精准播种减少长秧龄机插的产量损失……………… 24

第四章 杂交稻精准播种机插栽培技术模式与实例………27
一、杂交稻精准播种机插栽培技术模式…………………27
二、实例：籼粳杂交稻'甬优1540'单季稻精准播种育秧机插高产栽培技术……………………………………30
三、实例：籼粳杂交稻'甬优1540'连作晚稻精准播种育秧机插高产栽培技术……………………………………33

第五章 杂交稻精准播种育秧机插常见问题与对策………40
一、秧盘条播规格选择………………………………………40
二、育秧期间的生长调控……………………………………40

第一章 杂交稻育秧机插方式的发展与现状

一、杂交稻的栽培特性

20世纪70年代末以来,杂交稻逐步推广应用,以矮秆品种的密植、多本种植、重施基蘖肥、提高穗数的栽培方法已不适用于穗型较大的杂交稻品种。杂交稻要求稀播少本种植,发挥分蘖和大穗优势,种植密度从矮秆品种种植密度约3万株/亩,降低到2万株/亩左右。杂交稻的优势主要表现为分蘖优势、大穗优势和干物质积累优势。在同等栽培条件下,杂交稻的分蘖发生速率要高于常规稻,颖花分化数多,后期干物质积累多。根据杂交稻及较大穗型矮秆常规稻的生长特性,创新了以"稀—少—平"栽培技术为代表的单季稻栽培模式。在稀播培育壮秧、降低种植密度和减少每丛本数的同时,施肥方式从重施基蘖肥向按照生长时期平衡施肥、平稳促进水稻生长转变。单季杂交稻栽培技术的增产途径从增加单位面积有效穗数向提高每穗粒数转变,连作晚稻杂交稻栽培技术的增产途径从单纯增加每穗粒数向协同增加有效穗数和每穗粒数转变。

二、水稻轻简化种植方式的发展

新时期,水稻生产发展由小规模人工种植走向规模化、机械化、专业化。与发达国家相比，我国水稻生产效率低、成本高、效益低，迫切需要提高水稻生产机械化水平。在稻作技术比较发达的国家中，日本和韩国以机插种植为主，美国以直播种植为主。我国种植条件复杂。直播稻发展要考虑三个因素：一是生育期要求能够合理衔接作物茬口；二是直播稻除草剂用量高破坏生态环境；三是直播稻的用种量高增加了杂交稻种植成本。这三个因素限制了直播稻的发展。在水稻规模化生产条件下，种植技术发展的主要目标是节本增效，一方面要降低水稻种植成本，另一方面要通过种植技术的改革增加单产。各种轻简化种植方式中，机插种植除草剂施用少、群体倒伏风险小、群体抗病能力强，表现出显著的丰产优势。

三、杂交稻机插种植方式发展与存在的问题

我国的水稻机插技术的发展从20世纪70年代洗根苗的低效率步行机插逐步发展到高速插秧机机插，传统的毯苗机插技术引自日本，适应于常规稻的种植。我国水稻机插种植有毯苗机插、钵苗摆栽以及钵毯苗机插3种方式（图1-1），其中以毯苗机插为主，占我国机插面积的80%以上。水稻机插生产的主要制约因素是杂交

毯苗

钵苗

钵毯苗

图1-1　不同机插方式秧苗

稻毯苗播种量高、秧苗质量差、机插漏秧率高、插苗不均匀，无法发挥杂交稻增产潜力。本书提出的杂交稻精准播种机插技术，该技术改传统水稻机插播种撒播为精准定量定位条播或穴播，实现低漏秧率均匀机插，实现杂交稻毯苗机插的农机农艺融合，具有良好的技术应用前景。

第二章 杂交稻精准播种育秧机插技术的定义与特点

一、杂交稻精准播种育秧机插技术的定义

杂交稻精准播种育秧机插技术是指在机插秧盘进行定向、定位、定量播种（条播或穴播，图2-1），培育强壮秧苗，配套定向定量取秧机插，实现特定苗数均匀大钵机插的技术模式。

毯苗撒播

毯苗穴播

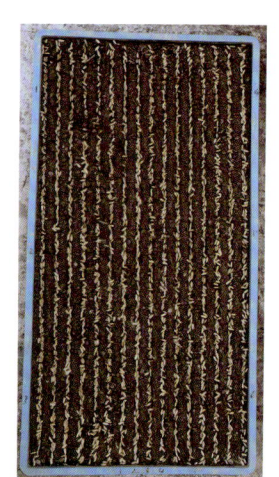
毯苗条播

图2-1　不同播种方式

二、精准播种育秧机插的特点

精准播种实现了种子的有序排列,改变了传统撒播下种子排列无序的情况,进而使秧苗排列定向整齐,通过控制种子播量,实现了水稻秧苗壮秧培育。由于种子排列顺序和机插取秧顺序的一致对应,实现了种子播种和机插取秧的融合(图2-2),可根据机插取秧特定苗数进行播种(图2-3)。在实际操作过程中,只需改变播

流水线撒播

流水线条播

图2-2 毯苗传统撒播和精准播种示意

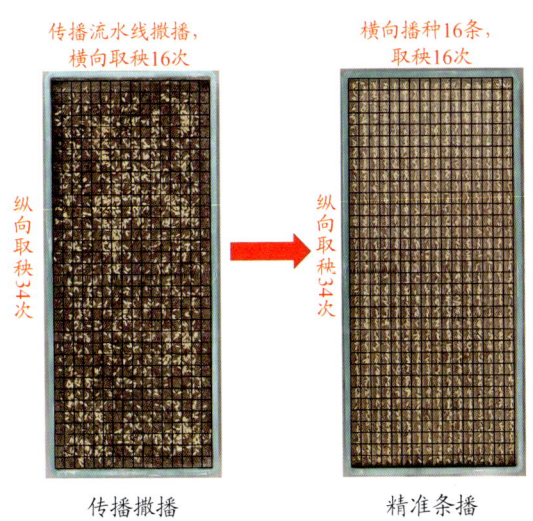

图2-3 毯苗精准播种和传统撒播的机插取秧示意

种方式,秧盘、插秧机等存量机插装备不变化,作业成本低,操作简单,便于大面积推广。

三、水稻精准播种育秧机插的关键技术环节

1. 流水线播种

由于穴播的压穴过程精准性要求高,生产上倾向于采用条播的方式进行播种。为了实现种子的按条排列,秧盘覆底土后利用压槽进行开槽(图2-4),根据机插农机农艺结合的要求,7寸盘有14条和16条两种方式,9寸秧盘有14条、16条和18条三种方式(图2-5)。开槽后根据机插播种每穴苗数进行播种,可采用气吸播种、凹槽播种(图2-6)。气吸式播种适用于不同粒型种子,但是

图2-4 压槽成条示意

14条　　　　　　　　16条　　　　　　　　18条

图2-5　杂交稻'甬优1540'播种示意

凹槽式播种器　　　　　　　　　　气吸式播种器

图2-6　精准播种的播种器

由于气吸式播种器容易杂质堵孔，降低了播种效率，生产应用不多。现在主要采用凹槽播种的方式，根据种子的类型，设计凹槽每穴1~3粒种子的孔型。播种过程根据凹槽滚筒转动速度和秧盘移动速度进行控制播种量,杂交稻机插控制要求每穴2~3苗,根据种子成苗率的变化,设计秧盘每穴3~4粒种子。

2. 叠盘出苗育秧

精准播种前要对种子进行脱芒除杂处理,之后进行药剂浸种,主防恶苗病和立枯病,籼稻杂交稻浸种36~48h,籼粳杂交稻浸种48~54h,粳稻杂交稻浸种60~72h,浸种标准为种子吸胀完成微微露白,做到芽不露头,避免出芽过长导致播种过程造成的断芽损伤。

播种前底土3/4,播种后覆盖土1/4,根据基质水分含量,浇水后基质相对含量需要达到100%。播种后叠盘,暗室恒温(30~32℃)恒湿(相对90%~100%)催芽出苗,没有暗室的可采用叠盘薄膜覆盖出芽,芽长1cm后出苗(图2-7)。大田或者旱

暗室出苗

薄膜覆盖出苗

出苗后大田育秧

图2-7 叠盘出苗

图2-8 条播育壮秧

地摆盘育秧，干湿交替灌溉处理，连作晚稻育秧期间在1叶1心期时喷施适宜浓度多效唑，促进秧苗壮秧（图2-8）。

3. 配套机插

水稻育秧到3.0~4.0叶秧龄期，进行机插作业。机插前5~7d，对稻田灌水后进行深耕，机插前1~2d进行浅耙沉实，保持水层1~2cm进行机插。调节插秧机，根据纵向排列条数，调节横向取秧次数。在实际操作过程中，会遇到下雨等天气导致秧盘基质偏软，导致秧盘秧苗纵向皱缩，因此在调节纵向取秧时要根据实际情况进行纵向调节，每穴2~3苗进行机插（图2-9）。

横向取秧次数调节

纵向取秧次数调节

机插作业

图2-9　取秧次数调节

第三章 杂交稻精准播种机插技术的优势

一、精准播种能够提高秧苗素质

传统撒播下,种子排列不均匀,高播量下秧苗群体通风透光性差、秧苗群体内部温湿度调节慢,易发秧苗病害。利用条播实现了秧苗的整齐排列(图3-1),显著改善了秧苗群体的通风透光特性,增强了秧苗素质,显著提高了秧苗均匀度,'甬优1540'条播显著提高了秧苗均匀度,43.2g/盘、60.5g/盘和69.1g/盘处理下条播秧苗均匀度分别比撒播高83.3%、39.2%和20.8%(表3-1)。

图3-1 整齐排列秧苗

第三章 杂交稻精准播种机插技术的优势

表3-1 精准播种对秧苗素质的影响

播种量	播种方法	成苗率（%）	苗高（cm）	叶龄	茎叶干重（mg）	根干重（mg）	茎基宽度（cm）	秧苗均匀度（%）
43.2 g/盘	撒播	78.7 ± 4.6	16.1 ± 0.1	3.3 ± 0.1	58.6 ± 2.5	15.5 ± 1.1	0.40 ± 0.03	46.0 ± 3.6
43.2 g/盘	条播	74.1 ± 5.8	15.7 ± 0.4	3.3 ± 0.0	64.2 ± 0.5**	16.3 ± 0.5	0.42 ± 0.03	84.3 ± 4.0**
60.5 g/盘	撒播	72.9 ± 3.8	16.4 ± 0.4	3.3 ± 0.1	55.6 ± 1.8	12.4 ± 0.7	0.37 ± 0.05	57.7 ± 6.4
60.5 g/盘	条播	74.2 ± 5.7	15.8 ± 0.8	3.3 ± 0.1	66.4 ± 1.9**	16.3 ± 0.5**	0.39 ± 0.02	80.3 ± 5.0**
69.1 g/盘	撒播	71.7 ± 8.8	16.9 ± 0.4	3.3 ± 0.1	52.9 ± 1.0	12.2 ± 0.5	0.30 ± 0.03	60.7 ± 8.6
69.1 g/盘	条播	72.1 ± 3.8	16.5 ± 0.2	3.4 ± 0.1	62.9 ± 1.0**	16.1 ± 0.5**	0.34 ± 0.02	73.3 ± 1.5**

注：播种方式为18条条播，采用9寸标准育盘育秧，机插取秧穴数设置18×40，共720穴/盘，69.1 g/盘对应的每穴粒数为2.5粒、3.5粒和4.0粒。**$p<0.01$。43.2 g/盘、60.5 g/盘和

二、精准播种促进了低播量下秧苗成毯

精准播种进行穴播或条播,实现了低播量下秧苗成毯(图3-2)。籼粳杂交稻'甬优1540'标准9寸秧盘育秧,播种量50g/盘条件下,早稻、连作晚稻和单季稻精准条播比撒播的成毯时间提前5d、3d和3d(图3-3)。

撒播

条播

图3-2 撒播和条播低播量下成毯性的对比

(供试品种:甬优1540;试验时间:2020年;试验地点:中国水稻研究所;播种时间:5月20日;播种量45g/9寸盘;秧龄20d)

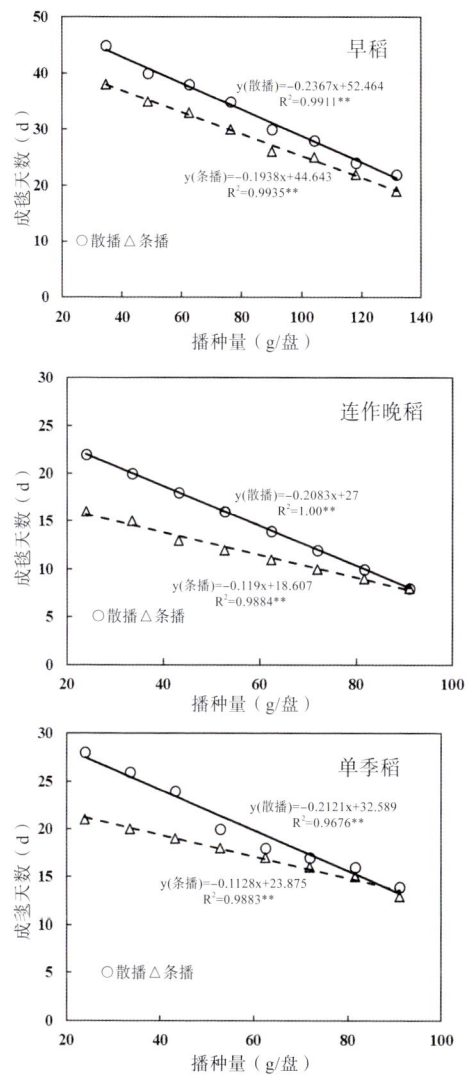

图3-3 机插秧盘不同播种量条播与撒播育秧成毯时间比较

（供试品种：甬优1540；试验时间：2020年；试验地点：中国水稻研究所；早稻播种时间：3月25日；单季稻播种时间：5月20日；连作晚稻播种时间：6月20日）

三、精准播种显著降低了机插漏秧率

与撒播相比,精准条播能够显著降低机插漏秧率(图3-4),节省人工补苗成本,也为提高产量奠定基础。试验利用9寸标准秧盘进行播种,设计取秧穴数为720穴,每穴设计种子2.5粒/穴(43.2g/盘)、3.5粒/穴(60.5g/盘)和4.0粒穴(69.1g/盘),秧龄25d机插,在各播种量下精准条播育秧在杭州市余杭区试验点的机插漏秧率在分别为6.7%、3.3%和2.9%,分别比相同播种量下5.0个、11.7个和7.9个百分点;在富阳市的中国水稻研究所试验

传统撒播机插漏秧率高　　　　条播机插漏秧率低

图3-4　单季杂交稻不同播种量精准条播与撒播育秧机插漏秧对比

插苗期　　　　　　　　　　分蘖期

图3-5　杂交稻插苗期和分蘖期群体均匀度

点精准播种育秧的机插漏秧率分别为3.2%、1.2%和0.2%,分别比相同播种量下9.5个、10.8个和7.3个百分点(图3-5)。

精准条播机插漏秧率下降,节省人工补苗成本,也为提高产量奠定基础。通过精准播种条播能够显著提高机插苗数均匀度(图3-6)。与撒播相比,群体的机插苗数平均数没有差异,但是每

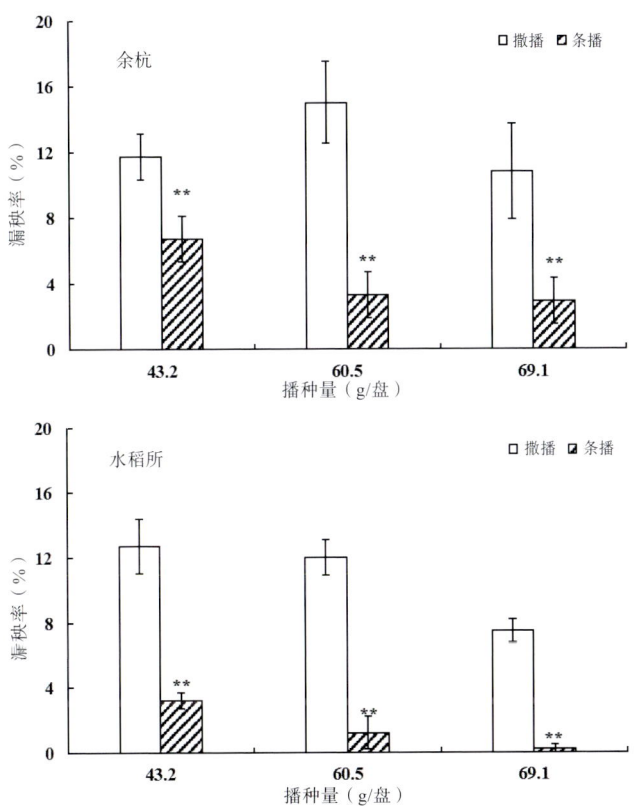

图3-6 单季杂交稻不同播种量精准条播与撒播育秧机插漏秧率比较

供试品种:甬优1540;秧盘取秧穴数720穴(18×40);试验时间:2020年;试验地点:余杭区和中国水稻研究所;**$p<0.05$。

穴的插苗均匀发生了较大的变化，播种量越高，撒播下机插苗数分布范围越大。与撒播相比，群体的机插苗数平均数没有差异，但是每穴的插苗均匀发生了较大的变化，播种量越高，撒播下机插苗数分布范围越大。采用杂交稻'甬优1540'，9寸秧盘18条条播下，设计取秧穴数为720穴，每穴设计种子2.5粒/穴（43.2g/盘）、3.5粒/穴（60.5g/盘）和4.0粒/穴（69.1g/盘），秧龄25d机插，余杭区试验点条播的机插苗数均匀度比撒播提高了69.7%、112.8%和40.7%，其中2~3苗机插苗比例比撒播分别提高了72.3%、87.9%和18.2%；中国水稻研究所试验点的机插苗数均匀度比撒播提高了194.9%、104.9%和70.1%，其中2~3苗机插苗比例比撒播分别提高了94.5%、91.8%和25.0%（表3-2）。

四、精准播种提高了水稻群体氮吸收量

精准播种机插能够提高氮素的积累，在减氮条件下表现尤为明显。与240kg/hm^{2}的施氮量相比，204kg/hm^{2}的施氮量处理减少水稻群体氮积累总量，但通过条播提高水稻群体总氮积累，与撒播相比，条播处理'甬优538'和'甬优1540'抽穗期总氮积累平均增加7.7%和4.4%。条播处理增加群体花后氮积累总量，在本试验范围内，条播下240kg/hm^{2}施氮量有最大值。与撒播相比，条播处理'甬优538'施氮量240kg/hm^{2}和204kg/hm^{2}花后氮积累量增加16.4%和13.5%，'甬优1540'施氮量240kg/hm^{2}和204kg/hm^{2}花后氮积累量增加15.5%和10.0%（图3-7）。

第三章 杂交稻精准播种机插技术的优势

表3-2 单季杂交稻不同播种量条播与撒播育秧机插苗数均匀度的比较

地点	播种量（g/盘）	播种方法	机插苗数（苗数/穴）	机插苗数分布（苗数/穴）	机插苗数均匀度（%）	机插2~3苗比例（%）
余杭	43.2	撒播	1.8±0.2	0~6	33.3±4.0	35.8±2.9
		条播	1.8±0.1	0~4	56.5±2.9**	61.7±7.6**
	60.5	撒播	2.4±0.1	0~8	25.7±1.7	39.0±7.7
		条播	2.4±0.2	0~4	54.7±4.5**	73.3±7.2**
	69.1	撒播	3.1±0.5	0~11	42.3±2.1	35.8±2.9
		条播	3.1±0.1	0~6	59.5±4.1**	42.3±2.1**
水稻所	43.2	撒播	2.0±0.2	0~7	19.7±10.2	34.3±5.1
		条播	2.0±0.0	0~4	58.1±5.0**	66.7±5.8**
	60.5	撒播	2.6±0.1	0~8	30.4±10.1	40.0±5.0
		条播	2.4±0.2	0~4	62.3±5.1**	76.7±2.9**
	69.1	撒播	2.9±0.4	0~11	39.4±1.1	36.0±3.6
		条播	3.1±0.1	0~6	67.0±2.8**	45.0±5.0

(续表)

地点	播种量(g/盘)	播种方法	机插苗数(苗数/穴)	机插苗数分布(苗数/穴)	机插苗数均匀度(%)	机插2~3苗比例(%)
	试验点		0.6	—	0.2	10.70**
	播种量		98.8**	—	15.6**	7.01**
	播种方法		0.1	—	249.9**	324.31**
	试验点 × 播种量		1.5	—	0.7	30.67**
	试验点 × 播种方法		0.3	—	7.3*	1.11
	播种量 × 播种方法		1.2	—	4.1	17.95**
	试验点 × 播种量 × 播种方法		0.7	—	0.1	6.21**

注：播种方式为18条条播，采用9寸标准盘育秧，机插取秧穴数设置18×40，共720穴/盘。69.1g/盘对应的每穴粒数为2.5粒、3.5粒和4.0粒。43.2g/盘、60.5g/盘和69.1g/盘。$*p<0.05$；$**p<0.01$。

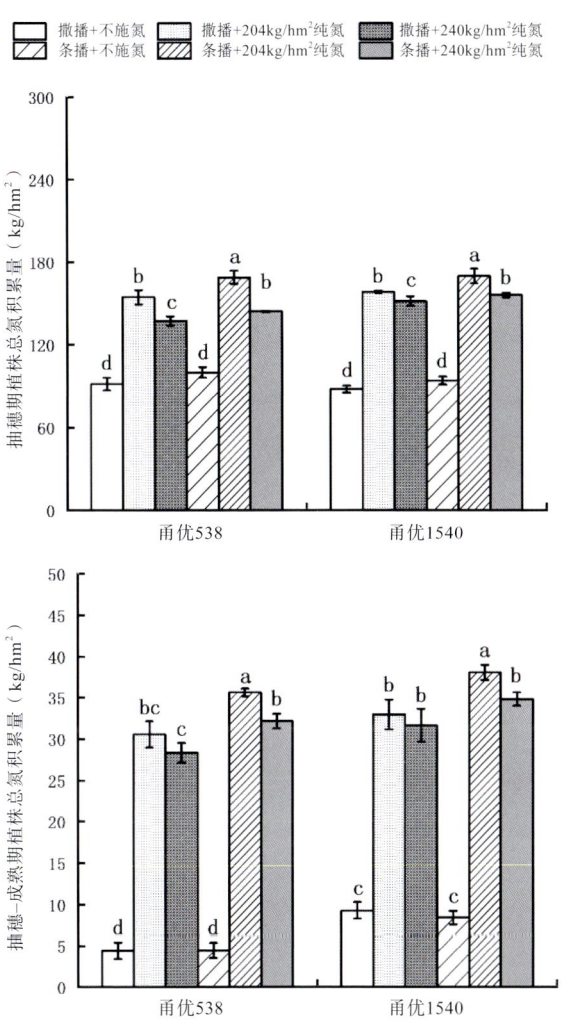

图3-7 不同氮梯度下精准条播和撒播群体的氮积累总量比较

品种为籼粳杂交稻'甬优538'和'甬优1540';采用标准9寸秧盘,采用16条条播,取秧穴数为544穴,每穴播种种子粒数为3.5粒,'甬优538'播种量为43.8g/盘,'甬优1540'播种量为45.7g/盘,撒播播种量与撒播一致。小写字母表示处理间在0.05水平上的差异显著性。

试验示范明确，精准播种能够通过提高氮肥吸收利用率和氮肥农学利用率进而提高群体的氮素积累。0 N下氮素干物质积累效率和氮素稻谷生产效率有最大值，增加施氮量增加了氮素干物质积累生产效率和氮素稻谷生产效率，但在同一播种方式下对氮肥吸收利用率和氮肥农学利用效率影响不大。条播下'甬优538'氮肥吸收利用率和氮肥农学利用率分别比撒播平均高19.1%和12.1%。'甬优1540'氮肥吸收利用率和氮肥农学利用率分别比撒播平均高3.9%和7.3%（表3–3）。

五、精准播种显著提高产量

通过精准播种条播能够显著提高单产。采用杂交稻'甬优1540'，采用9寸标准秧盘，设计720穴（18×40）取秧穴数，设施每穴播种种子粒数为2.5粒（43.2g/盘）、3.5粒（60.5g/盘）、4.0粒（69.1g/盘）、5.0粒（86.4g/盘）和6.0粒（103.7g/盘）。由表3–4可知，与撒播相比，43.2g/盘播量条播机插余杭试验点和中国水稻研究所试验点产量分别提高了11.9和4.6%，60.5g/盘播量条播机插余杭点和富阳点产量分别提高了10.3%和13.5%，69.1g/盘条播机插产量相对于撒播机插有小幅度增加，但增加幅度未达显著水平。对产量结构进行分析，每穗粒数、结实率和千粒重在不同播种量和播种方式条件下并不存在显著差异（表3–4）。但条播机插显著提高了有效穗数，说明条播机插通过增加有效穗数进而提高了水稻产量。

第三章 杂交稻精准播种机插技术的优势

表3-3 不同氮梯度下精准条播和撒播的氮吸收和利用率的比较

品种	播种方式	施氮量（kg/hm²）	氮素干物质生产效率（kg/kg）	氮素稻谷生产效率（kg/kg）	氮肥吸收利用率（%）	氮肥农学利用效率（%）
甬优538	撒播	0	139.9 ± 1.7 a	79.7 ± 3.7 a		
		240	90.9 ± 1.5 bc	61.8 ± 1.9 b	34.7 ± 1.8 b	15.2 ± 0.8 bc
		204	94.3 ± 2.2 b	63.2 ± 1.1 b	33.6 ± 1.6 b	14.6 ± 0.1 c
	条播	0	142.4 ± 5.5 a	75.3 ± 6.1 a		
		240	88.2 ± 0.8 c	59.6 ± 0.3 b	41.0 ± 0.9 a	17.0 ± 0.6 a
		204	92.0 ± 1.9 bc	60.7 ± 0.6 b	40.4 ± 1.8 a	16.4 ± 0.8 ab
甬优1540	撒播	0	125.3 ± 5.7 a	75.2 ± 5.6 ab		
		240	103.9 ± 1.3 b	68.9 ± 0.5 c	38.1 ± 1.0 b	23.7 ± 0.3 c
		204	105.0 ± 2.2 b	68.2 ± 1.1 c	40.6 ± 2.1 ab	24.3 ± 0.5 bc
	条播	0	128.4 ± 0.9 a	76.5 ± 0.9 a		
		240	107.4 ± 0.7 b	68.7 ± 1.2 c	41.3 ± 1.4 a	25.0 ± 0.3 b
		204	108.1 ± 0.7 b	71.6 ± 1.7 bc	40.5 ± 0.9 ab	26.5 ± 0.9 a

品种为籼粳杂交稻'甬优538'和'甬优1540'；采用标准9寸秧盘，采用16条播，'甬优1540'播种量为45.7 g/盘，撒播播种量与撒播一致。小写字母表示处理间在0.05水平上的差异显著性。'甬优538'播种量为43.8 g/盘，每穴播种种子粒数为3.5粒，取块穴数为544穴。

表3-4 精准条播和撒播机插的产量与产量结构的比较

试验点	播种量(g/盘)	播种方式	有效穗数(10⁵穗/hm²)	每穗粒数	结实率(%)	千粒重(g)	产量(t/hm²)
余杭	43.2	撒播	22.5 ± 0.3	270.2 ± 4.0	82.4 ± 0.9	23.5 ± 0.1	11.8 ± 0.3
	43.2	条播	24.9 ± 0.8**	275.2 ± 8.2	81.9 ± 1.1	23.6 ± 0.2	13.2 ± 0.3**
	60.5	撒播	23.7 ± 1.0	272.9 ± 7.2	82.2 ± 1.0	23.7 ± 0.1	12.6 ± 0.4
	60.5	条播	25.8 ± 0.4**	273.7 ± 3.0	83.4 ± 2.0	23.6 ± 0.2	13.9 ± 0.3**
	69.1	撒播	23.3 ± 0.1	268.0 ± 7.7	82.5 ± 0.9	23.5 ± 0.1	12.1 ± 0.5
	69.1	条播	25.2 ± 1.4**	261.9 ± 7.4	82.5 ± 0.9	23.5 ± 0.1	12.8 ± 0.2
水稻所	43.2	撒播	17.9 ± 0.3	249.7 ± 9.8	82.5 ± 0.9	23.7 ± 0.1	8.7 ± 0.1
	43.2	条播	18.7 ± 0.2**	250.2 ± 12.5	82.5 ± 0.9	23.7 ± 0.1	9.1 ± 0.5**
	60.5	撒播	18.1 ± 0.5	248.7 ± 6.4	81.9 ± 0.3	23.5 ± 0.1	8.9 ± 0.2
	60.5	条播	20.6 ± 0.4**	255.2 ± 2.8	81.3 ± 0.6	23.6 ± 0.1	10.1 ± 0.2**
	69.1	撒播	17.9 ± 0.5	256.4 ± 3.0	83.2 ± 2.2	23.4 ± 0.0	8.9 ± 0.2
	69.1	条播	19.1 ± 0.4**	250.2 ± 7.8	82.1 ± 1.2	23.7 ± 0.1	9.5 ± 0.5

第三章 杂交稻精准播种机插技术的优势

（续表）

试验点	播种量（g/盘）	播种方式	有效穗数（10^5穗/hm^2）	每穗粒数	结实率（%）	千粒重（g）	产量（t/hm^2）
试验点			515.07**	53.12**	0.4	0.08	951.96**
播种量			5.98**	0.24	0.26	2.3	9.18**
播种方法			55.78**	0.2	0.16	2.7	66.48**
试验点×播种量			0.48	3.4	1.45	1.61	0.16
试验点×播种方法			0.85	0.23	0.89	2.61	0.2
播种量×播种方法			1.03	0.79	0.37	1.9	3.83*
试验点×播种量×播种方法			0.99	0.51	0.67	2.61	0.12

注：播种方式为18条条播，采用9寸标准盘育秧，机插取秧穴数设置18×40，共720穴/盘。60.5g/盘、69.1g/盘、86.4g/盘和103.7g/盘对应的每穴粒数为2.5粒、3.5粒、4.0粒、5.0粒和6.0粒。两个季节机插时间均为25d。机插种植规格：30cm×18cm。总施氮量：204kg/hm^2。*$p<0.05$，**$p<0.01$。

六、精准播种减少长秧龄机插的产量损失

通过低播量的精准播种和合理密度的机插种植能够减少长秧龄下的机插损失，主要的原因是通过低播量的精准播种提高了长秧龄下的秧苗素质，显著提高了机插秧苗的带分蘖比例（图3-8，图3-9），缩短了机插返青时间，通过提高有效穗数进而减少了长秧龄导致的产量损失（表3-5）。

条播下低播量带蘖秧苗　　　　　　撒播下不带蘖秧苗

图3-8　精准条播下带蘖芽秧苗和撒播下不带蘖芽秧苗

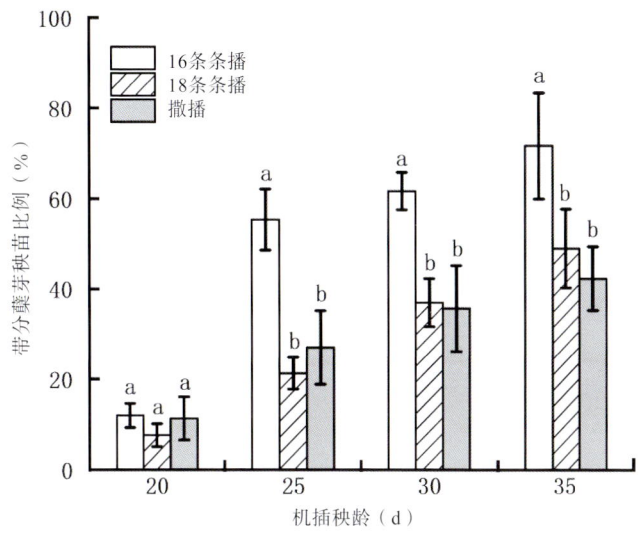

图3-9　精准条播和撒播不同秧龄下带分蘖芽秧苗比例的比较

品种：籼粳杂交稻'甬优1540'；播种采用9寸标准盘育秧，设置16条条播、18条条播和撒播等3种播种方式，16条条播机插取秧穴数设置16×34，共544穴/盘；18条条播机插取秧穴数设置18×40，共720穴，每穴播种3粒种子，16条和18条条播的播种量分别为45.7g/盘和60.5g/盘，撒播播种量和18条条播播种量一致。$*p<0.0$，$**p<0.01$。

表3-5　不同秧龄下条播和撒播产量的比较

秧龄(d)	播种方式	有效穗数(10^5穗/hm²)	穗粒数	结实率(%)	千粒重(g)	产量(t/hm²)
20	16条条播	23.6±2.0a	242.0±3.9a	85.3±1.4a	23.0±0.5a	11.2±1.0a
	18条条播	23.6±1.4a	241.9±1.4a	84.2±1.3a	22.8±0.3a	10.9±0.7a
	撒播	21.2±0.8a	237.0±7.3a	85.0±1.6a	22.6±0.1a	9.7±0.8a

（续表）

秧龄（d）	播种方式	有效穗数（10^5 穗/hm^2）	穗粒数	结实率（%）	千粒重（g）	产量（t/hm^2）
25	16条条播	23.5±1.6a	244.0±10.0a	84.7±4.6a	22.3±0.7a	10.8±1.2a
	18条条播	23.2±0.4a	242.0±8.3a	82.4±1.7a	22.9±0.2a	10.6±0.2a
	撒播	21.8±1.7a	238.1±6.2a	82.8±2.2a	22.7±0.4a	9.7±1.0a
30	16条条播	22.5±0.5a	247.1±5.2a	82.3±2.0ab	22.4±0.3b	10.3±0.6a
	18条条播	21.7±0.7a	243.7±1.6a	82.9±1.9a	22.4±0.3b	9.8±0.5a
	撒播	20.2±0.7b	239.8±6.0a	78.9±1.2b	23.1±0.2a	8.8±0.3b
35	16条条播	22.2±1.2a	239.9±1.8a	79.9±1.2a	22.9±0.2ab	9.7±0.3a
	18条条播	21.1±0.5ab	237.5±6.2a	81.5±5.2a	22.6±0.1b	9.2±0.6ab
	撒播	19.7±0.6b	237.7±1.2a	78.6±3.6a	23.2±0.2a	8.5±0.6b
机插秧龄		6.10**	1.3	5.57**	3.18*	7.81**
播种方法		12.47**	2.46	1.43	2.28	10.80**
机插秧龄×播种方法		0.23	0.18	0.72	1.56	0.13

品种：籼粳杂交稻'甬优1540'；播种采用9寸标准盘育秧，设置16条条播、18条条播和撒播等3种播种方式，16条条播机插取秧穴数设置16×34，共544穴/盘；18条条播机插取秧穴数设置18×40，共720穴，每穴播种3粒种子，16条和18条条播的播种量分别为45.7g/盘和60.5g/盘，撒播播种量和18条条播种量一致。机插种植规格：30cm×16cm。总施氮量：180kg/hm^2。*$p<0.05$，**$p<0.01$。

第四章 杂交稻精准播种机插栽培技术模式与实例

一、杂交稻精准播种机插栽培技术模式

1. 品种选择

根据种植季节,选择当地主栽杂交稻品种。

2. 种子精选

杂交稻种子播种前利用种子清选机对种子进行去芒和除杂处理,根据种子厚度和饱满度筛除不饱满杂交稻种子。

3. 浸种催芽

药剂浸种,重点防恶苗病,按照不同类型品种控制浸种时间,籼型杂交稻浸种24~32h,籼粳杂交稻和粳型杂交稻浸种48~60h,种子开始露白捞出晾干备用,种子水分保持在30%~35%。

4. 流水线播种

(1) 秧盘选择

选择可叠秧盘。

(2) 基质选择

选择优良基质,或者干燥筛细后的营养土。秧盘底土2.0cm,

播种后覆土0.5cm。

（3）播种方式

选择9寸秧盘或7寸秧盘，采用气吸式播种器或者凹槽式播种器进行杂交稻流水线均匀条播。9寸盘秧盘横向播种14条、16条或18条，7寸盘秧盘横向播种14条或16条。

（4）播种量

杂交稻机插取秧每次2.0~3.0苗，所需种子数3.0~3.5粒，根据秧盘取秧次数设置播种量，一般每亩播种量0.9~1.2kg。

5. 育秧方法

（1）叠盘出苗

播种后叠盘暗发芽，将流水线播种后的秧盘，叠盘堆放，每25盘左右一叠，暗室发芽出苗，温度控制在32℃左右，湿度控制在90%以上。放置48~72h，待种芽立针（芽长0.5~1.0cm）时用叉车移出，供给各育秧点育秧。

（2）培育壮秧

将秧盘摆放到大田苗床，搭建拱棚盖遮阳网或无纺布防暴雨和雀害，出苗后及时揭开遮阳网或无纺布。干湿交替育秧。晚稻杂交稻秧苗见绿后1叶1心期用300mg/kg多效唑溶液每亩30kg均匀喷施控制秧苗生长。移栽前1~2d，选用防治苗期病虫药剂喷雾秧苗，做到带药栽插，同时排水断根。早稻秧龄25~35d，单季稻秧龄18~25d，连作晚稻秧龄15~25d。

6. 机插种植

（1）机插方式

机插装秧苗前须将秧箱移动到导轨的一端，调整插秧机秧针宽度为 1.75cm，根据条播规格，设置 9 寸盘机插设置横向取秧次数 14 次或 16 次，7 寸盘机插设置横向取秧次数 14 次。纵向取秧次数设置 34 次或 36 次，并根据秧盘育秧压缩程度及时调整。

（2）机插规格

根据水稻品种、栽插季节选择适宜种植密度。单季杂交稻机插行距 30cm，株距 17~20cm，每穴 2~3 苗，1.1 万穴/亩至 1.3 万穴/亩；双季稻区机插行距 30cm 或 25cm，每穴 2~3 株；株距 14~17cm，每穴 2~3 株。

7. 大田管理

（1）耕整地

单季麦（油）稻及双季晚稻等一年多熟制地区由于季节紧张，在前茬作物收获后要及时翻地，旋耕机旋耕 1~2 次、反转旋耕灭茬机、平地打浆机等机具进行整地作业，做到田面平整，泥浆沉实后及时机插。

（2）肥水管理

机插后保持 1~2cm 浅水至活干，进行干湿交替处理，全田茎蘖数达到预期穗数 80% 左右时，采用稻田开沟机开沟，及时排水搁田；拔节后浅水层间歇灌溉。开花结实期采用浅湿灌溉。基肥可用缓释肥一次施肥或者侧深施肥的方式，单季稻基蘖肥和穗肥比例为 7∶3，双季晚稻 20~25d 秧龄基蘖肥和穗肥比例为 7∶3，双季晚稻 25~30d 秧龄基蘖肥和穗肥比例为 8∶2。

（3）病虫草害防治

草害防治：单季稻机插前 1 周内结合整地，施除草剂一次性封闭灭草，施药后保水 3~4d。双季稻机插后 1 周内根据杂草种类结合施肥施除草剂，施药时水层3～5cm，保水3～4d。

病虫害防治：根据病虫测报，对症下药，控制病虫害发生。提倡高效、低毒和精准施药，减少污染。宜采用车载式、担架式及喷杆式植保机械装备。

二、实例：籼粳杂交稻'甬优1540'单季稻精准播种育秧机插高产栽培技术

技术模式适宜区域为浙江、江西'甬优1540'做单季稻种植的区域产量目标。该方案针对的产量及产量结构如下：亩产850kg/亩及以上，有效穗数$13.5×10^4$/亩穗以上，每穗总粒数310粒以上，结实率85%以上，千粒重24g左右。

1. 播种育秧

（1）播种期及秧龄：播种期5月中下旬，秧龄20～25d。

（2）种子处理：播种前按要求进行发芽试验，种子发芽率应在90%以上。种子晒种1～2d，清水选种，捞出漂浮种子，播种前用浸种杀菌剂浸种消毒和催芽。种子用25%氰烯菌酯悬浮剂2 000倍液或25%咪鲜胺乳油1 000倍液浸种48h，预防恶苗病。

（3）播种量及播种出苗：9寸盘精量播种（秧盘机插取秧横向18次，纵向40穴），播种量干谷45～50g/盘，亩需秧盘18～22张，亩用种量0.9～1.1kg/亩。播种后暗室发芽，芽长1cm出苗摆盘。

（4）秧苗管理：出苗后采用机插旱育秧方式育秧，干湿交替育秧。移栽前控水蹲苗壮根。移栽前1～3d喷施福戈（300g/L氯虫·噻虫嗪水分散粒剂）和阿米妙收（325g/L苯甲·嘧菌酯悬浮

剂）作送嫁药，做到带药下田，预防大田前期螟虫、蓟马、飞虱和苗瘟等病虫害，药剂用量分别按照大田推荐剂量浓度的10倍确定。

2. 整田与移栽

在4月上中旬越冬二化螟化蛹高峰期，对冬闲田、绿肥田翻耕灌深水5~7d，杀灭越冬虫蛹。前茬收获后及时翻耕，耕整要求全田高低落差不超过3cm，表土上细下粗，上烂下实。为防止壅泥，耕地整平后需沉实，大田整地质量要做到田平、泥软、肥匀。待泥浆沉淀后保持薄水机插。机插秧横向取和纵向取秧次数与播种时计算取秧次数一致，机插规格30cm×（18~20）cm，机插每穴2~3苗。

3. 科学肥料

科学配比氮、磷、钾。总施氮（N）量16~18kg/亩，磷（P_2O_5）10~12kg/亩，钾（K_2O）12~14kg/亩。早稻收获后移栽前，撒施水稻专用型颗粒复合肥12~14kg/亩做底肥。机插时采用侧深施肥，亩施缓混肥40~50kg/亩，穗肥施用普通复合肥25~30kg/亩，另加施氯化钾2~4kg/亩。

4. 水分管理与群体调控

（1）插秧作业：保持1~2cm浅水层。

（2）返青早发：秧苗返青后，采用干湿交替间隙灌溉（田面无明显水层时灌水5~8cm，自然落干后再次灌水）。

（3）晒田控蘖。返青施肥后，分蘖前期浅湿灌溉，促分蘖，分蘖后期干湿交替，当苗数达到80%穗数（10.8万穗/亩）及时搁田。

（4）孕穗灌浆。复水后采用干湿交替间隙灌溉，直至开花；抽穗开花阶段，建立3~5cm浅水层；齐穗后采用干湿交替灌溉，收获前10d开始断水。

5. 病虫草害管理

（1）大田杂草防控。机插后3~5d，每亩施用30%苄嘧·丙草胺可湿性粉剂50~60g等，均匀撒施，药后注意田间平整、保水，严禁秧苗淹心。7月上旬，对杂草发生量仍较多田块，根据草相茎叶喷雾处理。防治禾本科杂草，每亩施用25g/L五氟磺草胺可分散悬浮剂90~100mL，或10%噁唑酰草胺乳油60~80mL，或氰氟草酯乳油50~70mL等；防治阔叶杂草每亩使用480g/L灭草松水剂150~200mL。

（2）大田病虫害防治。

① 分蘖期重点防控水稻纹枯病、叶瘟、稻纵卷叶螟、二化螟等病虫害。

防治水稻纹枯病：每亩3.5%井冈·己唑醇微乳剂60~70mL，或6%井冈·蛇床素可湿性粉剂50~60g，或240g/L噻呋酰胺悬浮剂20~30mL。

防治稻瘟病：每亩75%三环唑可湿性粉剂20~30g，或40%稻瘟酰胺悬浮剂30~50mL，或40%稻瘟灵乳油80~100mL。

防治稻纵卷叶螟：每亩100亿孢子/mL短稳杆菌悬浮剂600~700倍液70~80mL，或5%多杀霉素悬浮剂70~80mL，或20%甲维·茚虫威悬浮剂10~20mL，或22%氰氟虫腙悬浮剂30~50mL。

防治稻飞虱：每亩20%烯啶虫胺水剂20~30mL，或20%呋虫胺悬浮剂30~40mL，或10%三氟苯嘧啶悬浮剂10~16mL等。

防治二化螟：每亩16 000IU/mg苏云金杆菌可湿性粉剂200~300g，或240g/L甲氧虫酰肼悬浮剂20~30mL，或5%甲氨基阿维菌素苯甲酸盐水分散粒剂10~20g。

防治大螟：每0.3%苦参碱水剂75~100mL，或200g/升氯虫苯甲酰胺悬浮剂8.3~10mL。

② 在水稻破口前5~7d（全田5%~15%植株剑叶叶枕平时），重点预防稻曲病病害，同时预防和兼治其他病虫害。

破口前5~7d主治稻曲病，每亩使用75%肟菌·戊唑醇水分散粒剂15~20g，或125g/L氟环唑悬浮剂40~50mL，或75%戊唑·嘧菌酯水分散粒剂10~15g，或19%啶氧·丙环唑悬浮剂53~70mL。

6. 灾害防控

孕穗期和齐穗期遇高温天气及时灌水降温，灌浆期遇高温可喷施适宜浓度磷酸二氢钾以增强干物质积累。

7. 适时收割

水稻成熟度达95%时，适时收获。

三、实例：籼粳杂交稻'甬优1540'连作晚稻精准播种育秧机插高产栽培技术

技术模式适宜区域为浙江、江西'甬优1540'做连作晚稻种植的产量目标。该方案针对的产量及产量结构如下：亩产为700kg及以上，有效穗数$16×10^4$穗/亩以上，每穗总粒数215粒以上，结实率85%以上，千粒重24g左右。

1. 播种育秧

（1）播种期及秧龄：播种期6月中下旬，秧龄15~20d。

（2）种子处理：播种前按要求进行发芽试验，种子发芽率应在90%以上。种子晒种1~2d，清水选种，捞出漂浮种子。种子用25%氰烯菌酯悬浮剂2 000倍或25%咪鲜胺乳油1 000倍液浸种48h，预防恶苗病。

（3）播种量及播种出苗：9寸盘精量播种（秧盘机插取秧横向16次，纵向36穴），播种量干谷45~55g/盘，亩需秧盘20~22张，亩用种量1.5~1.8kg/亩。播种后暗室发芽，芽长1cm出苗摆盘。

（4）秧苗管理：出苗后采用机插旱育秧方式育秧，秧龄一叶一心期每秧盘喷施10~15mL 300mg/kg多效唑，育秧期间采用干湿交替灌溉处理。移栽前控水蹲苗壮根，以利于移栽后发根好、返青快。移栽前1~3d喷施福戈（300g/L氯虫·噻虫嗪水分散粒剂）和阿米妙收（325g/L苯甲·嘧菌酯悬浮剂）作送嫁药，做到带药下田。

2. 整田与移栽

早稻收获后及时翻耕，耕整要求全田高低落差不超过3cm，表土上细下粗，上烂下实。为防止壅泥，耕地整平后需沉实，大田整地质量要做到田平、泥软、肥匀。待泥浆沉淀后保持薄水机插。机插秧横向取和纵向取秧次数与播种时计算取秧次数一致，机插规格30cm×（14~16）cm，机插每穴2~3苗。

3. 科学肥料

科学配比氮、磷、钾。总施氮（N）量12~14kg/亩，磷（P_2O_5）6~8kg/亩，钾（K_2O）10~12kg/亩。早稻收获后移栽前，撒施水稻专用型颗粒复合肥10~12kg/亩做底肥。机插时采用侧深施肥，亩施缓混肥 30～40kg/亩，穗肥施用普通复合肥 10～12kg/亩。

4. 水分管理与群体调控

（1）插秧作业：保持 1～2cm 浅水层。

（2）返青早发：秧苗返青后，采用干湿交替间隙灌溉（田面无明显水层时灌水 5～8cm，自然落干后再次灌水）。

（3）晒田控蘖。返青施肥后，分蘖前期浅湿灌溉，促分蘖，分蘖后期干湿交替，当苗数达到 80% 穗数（12.8 万穗/亩）及时搁田。

（4）孕穗灌浆。复水后采用干湿交替间隙灌溉，直至开花；抽穗开花阶段，建立 3～5cm 浅水层；齐穗后采用干湿交替间隙灌溉，收获前 10d 开始断水。

5. 杂草和病虫草害管理

（1）大田杂草防控。机插后 3～5d，每亩施用 30% 苄嘧·丙草胺可湿性粉剂 50～60g 等，均匀撒施，药后注意田间平整、保水，严禁秧苗淹心。7月上旬，对杂草发生量仍较多田块，根据草相茎叶喷雾处理。防治禾本科杂草，每亩施用 25g/L 五氟磺草胺可分散悬浮剂 90～100mL，或 10% 噁唑酰草胺乳油 60～80mL，或氰氟草酯乳油 50～70mL 等；防治阔叶杂草每亩使用 480g/L 灭草松水剂 150～200mL。

（2）大田病虫害防治。

① 分蘖期重点防控水稻纹枯病、叶瘟、稻纵卷叶螟、二化螟等病虫害。

防治水稻纹枯病：每亩 3.5% 井冈·己唑醇微乳剂 60～70mL，或 6% 井冈·蛇床素可湿性粉剂 50～60g，或 240g/L 噻呋酰胺悬浮剂20～30mL。

防治稻瘟病：每亩75%三环唑可湿性粉剂20～30g，或40%稻瘟酰胺悬浮剂30～50mL，或40%稻瘟灵乳油80～100mL。

防治稻纵卷叶螟：每亩100亿孢子/mL短稳杆菌悬浮剂600～700倍液70～80mL，或5%多杀霉素悬浮剂70～80mL，或20%甲维·茚虫威悬浮剂10～20mL，或22%氰氟虫腙悬浮剂30～50mL。

防治稻飞虱：每亩20%烯啶虫胺水剂20～30mL，或20%呋虫胺悬浮剂30～40mL，或10%三氟苯嘧啶悬浮剂10～16mL等。

防治二化螟：每亩16 000IU/mg苏云金杆菌可湿性粉剂200～300g，或240g/L甲氧虫酰肼悬浮剂20～30mL，或5%甲氨基阿维菌素苯甲酸盐水分散粒剂10～20g。

防治大螟：每亩0.3%苦参碱水剂75～100mL，或200g/L氯虫苯甲酰胺悬浮剂8.3～10mL。

② 在水稻破口前5～7d（全田5%～15%植株剑叶叶枕平时），重点预防稻曲病病害，同时预防和兼治其他病虫害。

破口前5～7d主治稻曲病，每亩使用75%肟菌·戊唑醇水分散粒剂15～20g，或125g/L氟环唑悬浮剂40～50mL，或75%戊唑·嘧菌酯水分散粒剂10～15g，或19%啶氧·丙环唑悬浮剂53～70mL。

6. 灾害防控

分蘖期高温天气可灌水调控。齐穗期遇到低温天气及时灌水调温，并喷施一定量的外源芸苔素内酯抵抗低温伤害。

7. 适时收割

水稻成熟度达95%时，适时收获。机械收割按NY/T 498进行。

第四章 杂交稻精准播种机插栽培技术模式与实例

表5-1 单季杂交精准播种机插栽培模式操作规程

	种子处理	流水线播种	育秧方式	配套机插	大田管理
技术操作规程					
技术措施实施	①根据种植季节、选择当地主导的单季杂交稻品种。②根据播种子厚度和饱满度筛除不饱满种子。③药剂浸种、点防恶苗病,按照杂交稻同类型品种控制浸种时间,粗梗型杂交稻和粗梗型杂交稻浸种24～36h,种子开始露白捞出晾干备用,种子水分保持在30%～35%	①选择可叠秧盘。②选择优良基质,或者干燥筛细的营养土。秧盘底土2.0cm,播种后覆土0.5cm。③选择9寸秧盘,采用气吸式播种器或者凹槽式播种器进行杂交稻流水线条播。单季杂交稻优先选择18条条播（纵向设置40次取秧,毫秧盘取秧机插720车秧次）。④杂交稻机插取秧次2.0～3.0次,所需种子数3.0～3.5粒,根据秧盘取秧次数设置播种量,一般每亩播种量0.9～1.2kg	①播种后叠盘暗发芽,将流水线播种后的秧盘,叠盘堆放,每25盘左右一叠,暗室发芽出苗,温度控制在32℃左右,湿度控制在90%以上。放置48～72h,待种芽立针（芽长0.5～1.0cm）时用叉车移出。供给各育秧点育秧。②将秧盘摆放到大田苗床,搭建拱棚盖遮阴网或无纺布防暴雨雀害,及时揭开遮阴网或无纺布,出苗分布干湿交替育秧。④秧龄正常条件下20～25d,移栽前1～2d,选用防治苗期病虫药剂喷雾秧苗,做到带药栽插,同时排水断根	①根据条播规格,确定横向取秧穴数,根据秧盘干湿状态确定纵向取秧次数,做到机插每穴2～3苗。②根据水稻品种和栽插季节选择适宜种植密度。机插行距30cm,地力较差区域18cm,株距选择18cm,地力较好区域选择株距20cm	①机插前及时耕整地处理,大田平实以备机插。②采用浅湿干灌溉模式,加强稻田水分管理。氮肥施用方式正常基肥（20～25d）下基蘖肥:穗肥为7:3,长秧龄下（秧龄大于25d）基蘖肥:穗肥为8:2。③做好杂草防控,根据病虫测报,对症下药,控制病虫害发生

表5-2 双季早稻杂交稻精准播种机插栽培模式操作规程

	技术操作规程				
	种子处理	流水线播种	育秧方式	配套机插	大田管理
技术措施	①根据种植季节，选择当地主导的早稻杂交稻品种。②根据种子厚度和饱满度筛除不饱满杂交稻种子。③药剂浸种，重点防恶苗病和立枯病，按照不同类型品种控制浸种时间。早稻绝大多数是籼型杂交稻，浸种时间为24~36h，部分早稻类型为籼粳杂交稻，浸种时间为48~60h。种子开始露白捞出晾干备用。种子水分保持在30%~35%	①选择可叠秧盘。②选择优良基质，或者干燥筛细后的营养土。秧盘底土2.0cm，播种覆土0.5cm。③选择7寸秧盘进行播种，采用气吸式播种器或者回槽式播种器进行杂交稻流水线条播。横向播种14条或16条，纵向36次或40次。④杂交稻机插取秧次数2.0~3.0苗，所需种子数3.0~3.5粒，根据秧盘取秧次数设置播种量，一般每亩播种量1.5~1.8kg	①播种后叠盘发芽，将流水线播种后的秧盘，叠盘堆放，每25盘左右一叠，暗室发芽出苗，温度控制在32℃左右，湿度控制在90%以上。放置48~72h，待种芽立针（芽长0.5~1.0cm）时用叉车移出，供给各育秧点育苗。②将秧盘摆放到大田苗床，搭建拱棚盖遮阳网或无纺布防暴雨和着苗。出苗后及时揭开遮阳网或无纺布。干湿交替育秧。移栽前1~2d，选用防治苗期病虫药剂喷雾育秧，做到带药秧苗。同时防水断根	①根据条播规格，设置横向取秧次数14次或16次，调整纵向取秧次数，确保机插每穴2~3苗/穴。②根据水稻品种和栽插季节选择适宜的种植密度。机插行距25cm，地力差的区域株距14cm或16cm，地力好的区域18cm	①机插前及时耕整地处理，大田平实以备机插。②采用浅湿干灌溉模式，加强稻田水分管理。氮肥施用方式正常秧肥施用方式正常秧肥施用方式正常：穗肥：交稻基蘖肥（30~35d）下杂交稻基蘖肥为8:2。③做好杂草防控，根据病虫测报，对症下药，控制病虫害发生

第四章 杂交稻精准播种机插栽培技术模式与实例

表5-3 连作晚稻杂交稻精准播种机插栽培模式操作规程

	技术操作规程			
	种子处理	流水线播种	育秧方式	配套机插	大田管理
技术措施	①根据种植季节、选择当地主导的杂交稻品种。②根据种子厚度和饱满度筛除不饱满杂交稻种子。③药剂浸种,重点防恶苗病。按照不同类型品种控制浸种时间,籼粳型杂交稻浸种24~32h,籼型杂交稻和籼粳型杂交稻浸种48~60h,种子开始露白捞出晾干备用。种子水分保持在30%~35%	①选择可叠秧盘。②选择优良基质,或者干燥筛细后的营养土。秧盘底土2.0cm。播种后覆土0.5cm。③选择9寸秧盘或7寸秧盘。采用气吸式播种器或者回槽式播种器进行杂交稻流水线条播。为取得连作晚稻杂交稻大钵体机插的效果,9寸盘秧(秧盘纵向)播种16条,7寸盘秧取秧14条(秧盘纵向取秧36次),7寸盘秧(秧盘纵向取秧36次)。④杂交稻机插取秧每穴2.0~3.0苗,所需种子数3.0~3.5粒。根据秧盘取秧次数设置播种量,一般每亩播种量1.5~1.8kg	①播种后叠盘暗发芽。将流水线播种后的秧盘,叠盘堆放,每25盘左右一叠。暗室发芽出苗,温度控制在32℃左右,湿度控制在90%以上。放置48~72h,待种芽立针(芽长0.5~1.0cm)时再又移秧,供给各育秧点育秧。②将秧盘摆放到大田苗床,搭建拱棚盖遮阳网或无纺布防暴雨和雀害,出苗后及时揭开遮阳网或无纺布。③秧苗见绿后1叶1心期用300mg/kg多效唑溶液每亩30kg均匀喷施控制秧苗生长。④秧龄正常控制下18~25d,移栽前1~2d,选用防治苗期病虫药剂喷雾秧苗,做到带药栽插。同时排水断根	①根据条播规格,设置9寸盘机插设置横向取秧次数16次,7寸盘机插设置横向取秧次数14次,纵向取秧机秧针宽度调整为1.75cm。纵向取秧次数根据秧苗干湿状态及时调整,确保机插每穴取秧2~3苗,确保每穴取秧2~3苗。②根据水稻品种和栽插季节选择适宜种植密度。9寸盘机插行距30cm,7寸盘机插行距25cm,地方差的区域株距14cm或16cm,地方好的区域株距18cm	①机插前及时耕整地处理,大田平实以备机插。②采用浅湿干灌溉模式,加强稻田水分管理。氮肥施用方式正常基蘖肥:穗肥为7:3,长秧龄(18~25d)下杂交稻基蘖肥:穗肥为8:2。于25d)下杂交稻基蘖肥:穗肥为8:2。③做好杂草测报,根据病虫草测报,对症下药,控制病虫害发生

第五章 杂交稻精准播种育秧机插常见问题与对策

一、秧盘条播规格选择

生产上，机插横向取秧有14次、16次、18次、20次和26次。由于条播20条和26条，在播种量和机插取秧上和撒播的差异已经不明显。目前9寸盘的条播方式有14条、16条和18条，对应的每穴取秧宽度是2cm、1.75cm和1.56cm，7寸盘有14条和16条，对应的每穴取秧宽度是1.75cm和1.56cm。对于单季稻来说，为了减少秧盘用量的成本，建议使用18条进行机插。而对于早稻来说，由于种植季节温度低，返青慢，倾向于使用7寸盘16条进行机插。而对于连作晚稻来说，为实现大钵带蘖叶机插，可以选择9寸盘16条的播种方式和7寸盘14条的播种方式，9寸盘14条条播秧盘用量多，虽然机插效果明显提升，但秧盘用量多，成本增加。

二、育秧期间的生长调控

对于杂交稻精准播种来说，低播量播种要求保证高的成苗率，因此建议在育秧期间进行干湿交替灌溉处理，一方面促进根系生长，另一方面保障高的成苗率。育秧期间，如果用的是基质土，一

第五章　杂交稻精准播种育秧机插常见问题与对策

般不用担心养分的问题，但是在连作晚稻时，由于温度高，灌水作业频繁，会造成一定量的养分流失，特别是在长秧龄下，可以在3叶期及时补肥，促进4叶期蘖芽生长，实现大钵带蘖机插。如果育秧期间用的是大田土，要注意及时培肥，肥料的使用根据土壤肥力进行，幼苗营养状况的指标是秧苗含氮量在3%左右。

连作晚稻时可采用外源生长调节剂进行调控，采用多效唑（含量浓度为150~300mg/kg 15%可湿性粉剂，每秧用量10~15mL），防治秧苗徒长，促进秧苗强壮，施用时间是一叶一心期，浓度根据秧苗的生长速率进行判断，浓度一般不超过300mg/kg。